街角の記憶

昭和30年代の福岡・博多

北島 寛

海鳥社

旧博多駅前　1956(昭和31)年・福岡市博多区
昭和38年12月１日に現在地へ移転するまで、博多駅は現在の地下鉄祇園駅付近、商工会議所入口交差点の南側にあった。写真は往時の駅前商店街。

街角の記憶
もくじ

懐かしの風景

ロバのパン屋さん

1957(昭和32)年・福岡市中央区

「一日一食パン食になれましょう」と、ロバが車をひくパン屋さんが市内を廻った。
国体道路沿いにて。

十日恵比須宝恵かご　1955(昭和30)年・福岡市中央区渡辺通
昭和44年まで行われた十日恵比須の宝恵かごが、渡辺通一丁目の福岡市内線循環線と城南線の分岐点を通過し高砂方面へ向かう。左側が柳橋方向、画面手前右が城南線。右奥の通りが日赤通り。

どんたく花電車　1955(昭和30)年５月・福岡市中央区渡辺通
渡辺通一丁目商店街の前を進む、博多どんたく港まつりの花電車。
右手が福岡市内線循環線の柳橋方面、左手前が城南線入口。

渡辺通一丁目広場　1956(昭和31)年・福岡市中央区清川
渡辺通一丁目バス停の前、現在スーパー・サニーがある場所に一丁目広場があった。
いつも露店が出店し、雨が降ると泥でぬかるんだ。

道路の舗装　1955(昭和30)年・福岡市中央区渡辺通
昭和30年代に入り、幹線道路からアスファルト舗装されていった。
左後方に福岡市内線の操車場や電気ビルが見える。

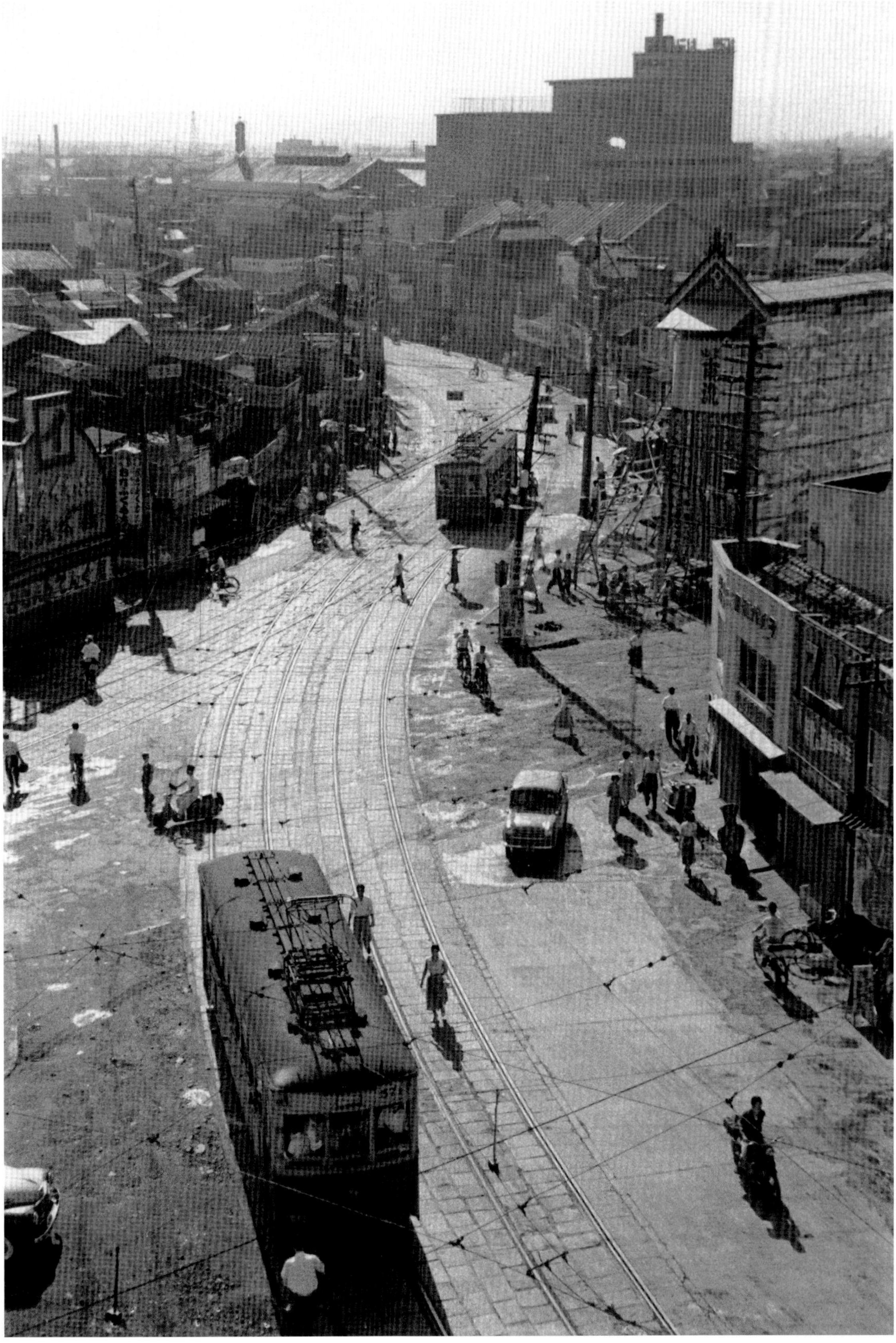

渡辺通一丁目交差点の朝　1956(昭和31)年・福岡市中央区渡辺通
写真奥が柳橋・博多駅方向、手前の電車は城南線から循環線に入る直前。
右側中央の山笠飾り山がある場所には現在、サニーがある。

天神空撮　1962(昭和37)年・福岡市中央区天神
那珂川に架かる西中島橋上空から天神地区を空撮した写真。手前の大通りが昭和通り、日本生命九州支社（現・赤煉瓦文化館）も見える。前年末に完成した福岡ビルの屋上にはヘリポートのHマークがある。天神ビルなどの完成、西鉄福岡駅の高架化、福岡バスセンター開業など、天神地区への商業集積が一気に加速し、現在の天神発展へと繋がり始めた頃の光景。

貫通線の混雑　1960(昭和35)年・福岡市中央区天神
福岡市内線の貫通線（現在の明治通り）を望遠レンズで撮影。
住友銀行の看板があるのが岩田屋、福岡ビルは建設中。

雨の日の電停　1956(昭和31)年・福岡市中央区天神
岩田屋百貨店の階上から福岡市内線循環線（渡辺通り）の天神町電停を望む。
雨の中、傘をさし電車の到着を待つ人々。

天神岩田屋前　1956(昭和31)年・福岡市中央区天神
九州一の都心への道を歩みはじめた頃の天神町。
岩田屋は増床記念セール中、平面時代の西鉄福岡駅や福岡スポーツセンターも見える。

雨の日の手動交通整理コンクール　1956(昭和31)年・福岡市中央区天神
オート三輪、ルノー、ダットサンなどが行き交う天神交差点で行われた交通整理コンクール。
三菱銀行前では審査員の警察や自衛隊幹部が見つめる。

並走自転車　1957（昭和32）年・福岡市中央区天神
天神交差点角の岩田屋前で、子どもの自転車のハンドルを握りながら並走してくる親子を見かけた。のどかな時代とはいえ、さすがに危険だ。

待ち合わせ　1957(昭和32)年・福岡市中央区天神
西鉄福岡駅と岩田屋の前は、待ち合わせ場所として一番人気。毎日多くの人々が利用していた。

西鉄福岡駅　1958（昭和33）年・福岡市中央区天神
西鉄大牟田線福岡駅コンコースで人を待つ女性。

太公望　1956(昭和31)年・福岡市博多区
御笠川(石堂川)河口そば、博多臨港線の引き込み線橋梁で魚釣りに興じる太公望たち。

福岡ボート　1956(昭和31)年・福岡市中央区須崎埠頭
レースを間近で見守る観覧客。現在のガラス張りの観覧席からは想像できないのどかさ。

中堅(なかたて)町・石堂川畔　1956(昭和31)年・福岡市博多区下呉服町
石堂川（御笠川）沿いの光景。前方の橋は恵比須橋。
終戦後、博多港は帰国を待ち望む朝鮮半島出身者たちであふれた。
しかし、1950年に朝鮮戦争が勃発。
帰国できなくなった朝鮮半島出身者たちが、家屋を建てて住み始め、コリアンタウンを形成した。

石堂川河口　1955(昭和30)年5月・福岡市博多区
呉服町の博多大丸屋上から博多湾を臨む。手前が整備中の昭和通り、石堂川にかかる橋は手前から恵比須橋、電車やバスが見えるのが千鳥橋、一番河口側は博多臨港線の鉄道橋。中央奥の建物は九州製糖工場だ。

中堅町の家　1956(昭和31)年・福岡市博多区下呉服町
川へせり出して建てられたバラック。
看板には「ごみは降りて川に流して下さい(中堅町内会)」と書かれている。

中竪町　1956(昭和31)年・福岡市博多区下呉服町
コリアンタウンで唐辛子(？)を量り売りする少年。
戦後の厳しい時代、身を寄せ、食べ物を分け合って暮らしていた。

中竪町の駄菓子屋　1956(昭和31)年・福岡市博多区下呉服町
駄菓子屋さんの店頭は、子どもたちでいつも賑わっていた。旧中竪町の光景。

中竪町の三叉路　1956(昭和31)年・福岡市博多区下呉服町
1959年、国道３号延伸工事に伴い、川の周辺に暮らす人々の代替住宅として金平団地を建設。その金平団地も2006年に取り壊された。

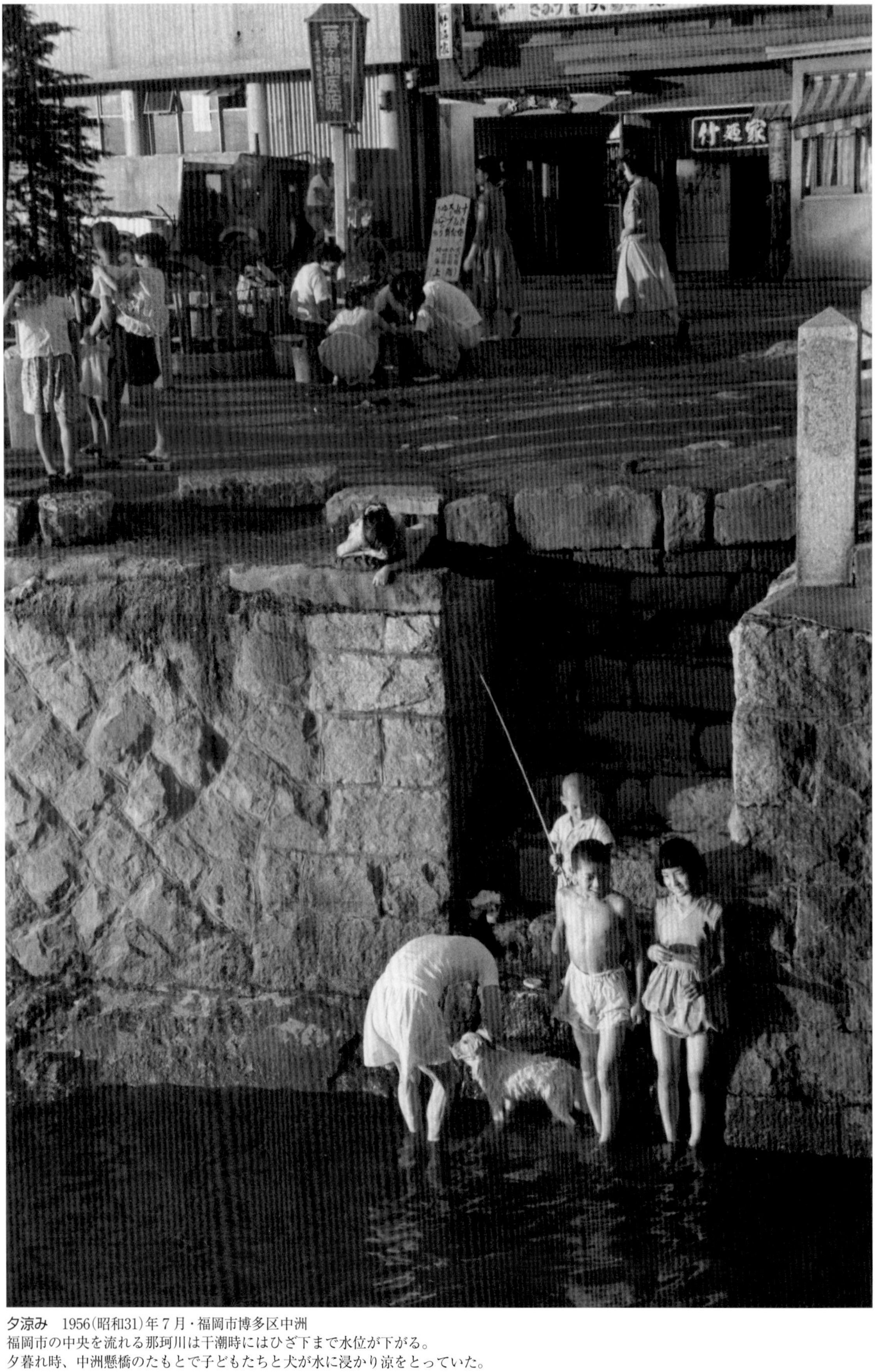

夕涼み　1956(昭和31)年７月・福岡市博多区中洲
福岡市の中央を流れる那珂川は干潮時にはひざ下まで水位が下がる。
夕暮れ時、中洲懸橋のたもとで子どもたちと犬が水に浸かり涼をとっていた。

那珂川花火大会　1958(昭和33)年夏・福岡市
フクニチ新聞主催の那珂川の花火大会。
手前は西中島橋、右手に西中洲のネオン広告塔、左手に東中洲の日活ホテルや映画街が見える。

寒中水泳　1955(昭和30)年１月・福岡市博多区中洲
那珂川で行われた寒中水泳大会を見守る群衆。左奥が西中島橋、公楽劇場や国際ホテルが見える。

中洲映画街　1955(昭和30)年・福岡市博多区中洲
昭和30年代、東中洲には映画館が21館あった。
写真は那珂川河畔沿いにあった福岡東宝劇場（現在エクセル東急ホテルのある界隈）。

消防出初め式　1956（昭和31）年１月６日、福岡市博多区中洲
那珂川で放水出初式が行われていた。東中洲側から水上公園側へ向けての放水だ。
手前のビルはマリリン・モンローも宿泊した国際ホテル、その向こうに日活ホテルや花関ビルが見える。

東中洲電停　1955(昭和30)年・福岡市博多区中洲
繁華街・東中洲電停付近の光景。右手奥が福岡玉屋、画面奥は川端町電停。

東中洲　1955(昭和30)年・福岡市博多区中洲
西日本一の繁華街・歓楽街として躍進した頃の東中洲電車通り。福岡玉屋や懐かしい湖月のカレーも見える。

どんたく花電車　1957(昭和32)年・福岡市博多区中洲
中洲の電車通りを進む花電車。トリスウヰスキーの看板の向こうは福岡玉屋。
上川端商店街や旧十五銀行ビルが見える。

化粧品の
マエサキ

街頭テレビ　1956(昭和31)年5月・福岡市博多区上川端
福岡市で初のテレビ放送が始まった昭和31年、博多どんたくでは大勢の人々が初登場の街頭テレビに見入った。上川端商店街にて。

東中洲　1956(昭和31)年・福岡市博多区中洲
春吉橋・中洲懸橋そば、東中洲の光景。画面中央奥に福岡玉屋が見える。
右側を走るのは米軍人の乗る外車。

ナショナルビル　1955(昭和30)年・福岡市博多区祇園町
旧博多駅前の中村屋横の通り（停車場新道）から、
博多駅前のランドマークだったナショナルビルを臨む。

旧博多駅前　1956(昭和31)年・福岡市博多区祇園町
昭和38年12月１日に現在地へ移転する前の二代目博多駅前。

親切なおまわりさん　1957(昭和32)年・旧博多駅前
点字ブロックなどない時代は視覚障害者は苦労していた。警察官は歩道で困っている盲学校の女生徒に声をかけ誘導していた。

駅弁売り　1955（昭和30）年・福岡市博多区博多駅前（旧博多駅ホーム）
列車到着を今や遅しと待つお弁当販売員。

旧博多駅改札口　1955（昭和30）年１月・福岡市博多区博多駅前
二代目・旧博多駅の改札口で夜行列車の改札を待つ人々。

旧博多駅ホーム　1955(昭和30)年・福岡市博多区博多駅前
二代目・旧博多駅のホームで夜汽車の到着を待つ。

お人形さん　1956(昭和31)年・福岡市博多区博多駅前（旧博多駅）
市内のデパートでの買い物帰りだろうか。母親が切符を買いに行った間、
娘はお気に入りの人形をペロっとなめて待っていた。旧博多駅の切符売場前にて。

修学旅行　1955(昭和30)年６月・福岡市博多区博多駅前（旧博多駅ホーム）
昭和30年代、旅行は庶民にとって一大イベントだった。修学旅行に出発する女生徒を見送る女生徒、居残り組だろうか。

お見送り　1955(昭和30)年・福岡市博多区博多駅前（旧博多駅ホーム）
家族で太鼓を鳴らしてのお見送り、小さい女の子も真剣に太鼓をたたき、ホーム中に音が鳴り響いた。

雁の巣飛行場　1970(昭和45)年夏・福岡市東区雁ノ巣
昭和11年の完成時は東洋一と言われた雁の巣飛行場。管制塔や格納庫が見える。
戦後は接収されて米軍ブレディ・エアー・ベースとして使用された。
現在はレクリエーションセンターとして整備されている。

潮干狩り　1957(昭和 32)年・福岡市東区西戸崎
長靴をはいてザルを手に潮干狩りの姉妹。
後方に見える白い建物はキャンプ博多米軍基地、現在は住宅地になっている。

カップルと犬　1957(昭和32)年夏・福岡市早良区百道
百道海水浴場で脱衣を守る番犬の向こうにはカップル。
海の向こうには早良炭鉱のぼた山が見える。

若久バスのりば前　1955(昭和30)年・福岡市南区若久
前方が中尾方面。野良仕事帰りの農婦２人、道路はまだ砂利道だ。

バス停　1955 (昭和30) 年・福岡市南区大楠
ながたまちバス停前 (現在の日赤通り・前方が大橋方面) の商店に遊ぶ子どもたち。
バス以外の自動車がほとんど通らない道は格好の遊び場だった。

西鉄大橋駅ホーム　1958(昭和33)年・福岡市南区大橋
西鉄大牟田線の大橋駅ホームの光景。シスターの装束が眩しい。

白木原駅通り　1956(昭和31)年・春日市
米軍春日原基地の教会へ向かう米婦人シスターを見かけた。
一帯の道路は早くからコンクリート舗装され、外車や軍用トラックの往来が激しかった。

志免炭鉱五坑全景　1956(昭和31)年頃・糟屋郡志免町
国営志免鉱業所の炭坑町の全景。
炭住の後方には、今も残るボタ山や竪坑櫓も見える。

炭住街の夕暮れ　1956(昭和31)年2月・糟屋郡志免町
学校帰りの子どもたち。志免炭鉱の五坑炭住街にて。

雪を頂くボタ山　1956(昭和31)年2月・糟屋郡志免町
雪晴れの白く美しいボタ山群。

燃えるボタ山　1956(昭和31)年頃・糟屋郡志免町
自然発火によりくすぶるボタ山を背景に坑木を処理する人。
志免炭鉱は昭和39年6月に閉山した。

成長の舞台

路地裏のわんぱく小僧

1956(昭和31)年・糟屋郡志免町

子犬の尾尻を握り風船ガムを膨らませた少年の風船を、今や割ろうとしている瞬間を捉えた。
志免炭住街での一コマ。

シーソー遊び　1958(昭和33)年・福岡市東区香住ヶ丘
福岡市民の身近な娯楽施設、かしいかえんでシーソー遊びに熱中する子どもたち。

回旋塔　1958(昭和33)年・福岡市博多区上川端
冷泉小学校の校庭に新しい遊具が設置され、子どもたちに大人気だった。

ブランコ　1958(昭和33)年・福岡市博多区上川端

なわとび　1956(昭和31)年・福岡市博多区下呉服町
なわとびをする少女たち。路地は子どもたちの遊び場だった。旧中竪町の光景。

ソリ遊び　1956(昭和31)年・福岡市博多区奈良屋町
使用済みの炭俵に荒縄をつけて、ソリ遊びをする子どもたち。夕方の打ち水のあとは滑りやすい、遊びの中に工夫ありだ。

仲良し　1957(昭和32)年・福岡市中央区春吉
那珂川に架かる住吉橋上の光景、奥に住吉宮の鳥居が見える。
中央の三輪車の坊やが大将だろうか、年少の子たちが従って行動していた。

三輪車競争　1957(昭和32)年・福岡市博多区石城町
まだ自動車が少ない頃、アスファルト道路も子どもたちの遊び場だった。地面にはロウセキや白墨の落書きがある。

紙芝居　1955(昭和30)年・福岡市南区若久
太鼓やドラの音が聞こえると、子どもたちは一斉に集まってくる。
紙芝居を食い入るように見つめる子どもたち。

紙芝居　1957(昭和32)年・糟屋郡志免町
集まってきた子どもたちが紙芝居の始まりを待ちわびる。

メンコ遊び　1955(昭和30)年・福岡市博多区上川端
博多総鎮守・櫛田神社の楼門前でメンコ遊びに興じる子どもたち。

メンコ遊びの子どもたち　1956(昭和31)年・福岡市博多区下呉服町
博多・中堅町の路地でメンコ遊びをする子どもたち。

ラムネ玉遊び　1956(昭和31)年・福岡市博多区上川端
櫛田神社の境内で小学生がラムネ玉遊びに熱中していた。
オモチャやゲームが少なかった時代、子どもたちは工夫しながら元気に遊んだ。

雪の日の馬乗り　1957(昭和32)年・福岡市博多区奈良屋町
小雪の降る寒い日だったが、少年たちは寒さも忘れて馬乗り遊びに夢中だった。

アイススケート　1956(昭和31)年・福岡市中央区天神
福岡スポーツセンターでは大相撲の九州場所も行われ、それが終わるとアイススケート場になった。
ペンギン姿の指導員が初心者の指導をしてくれた。

即席ゲレンデ　1956(昭和31)年・糟屋郡志免町
うっすらと雪が積もった冬の朝、２階へのスロープ道をゲレンデに見立てて雪滑りする少年たち。

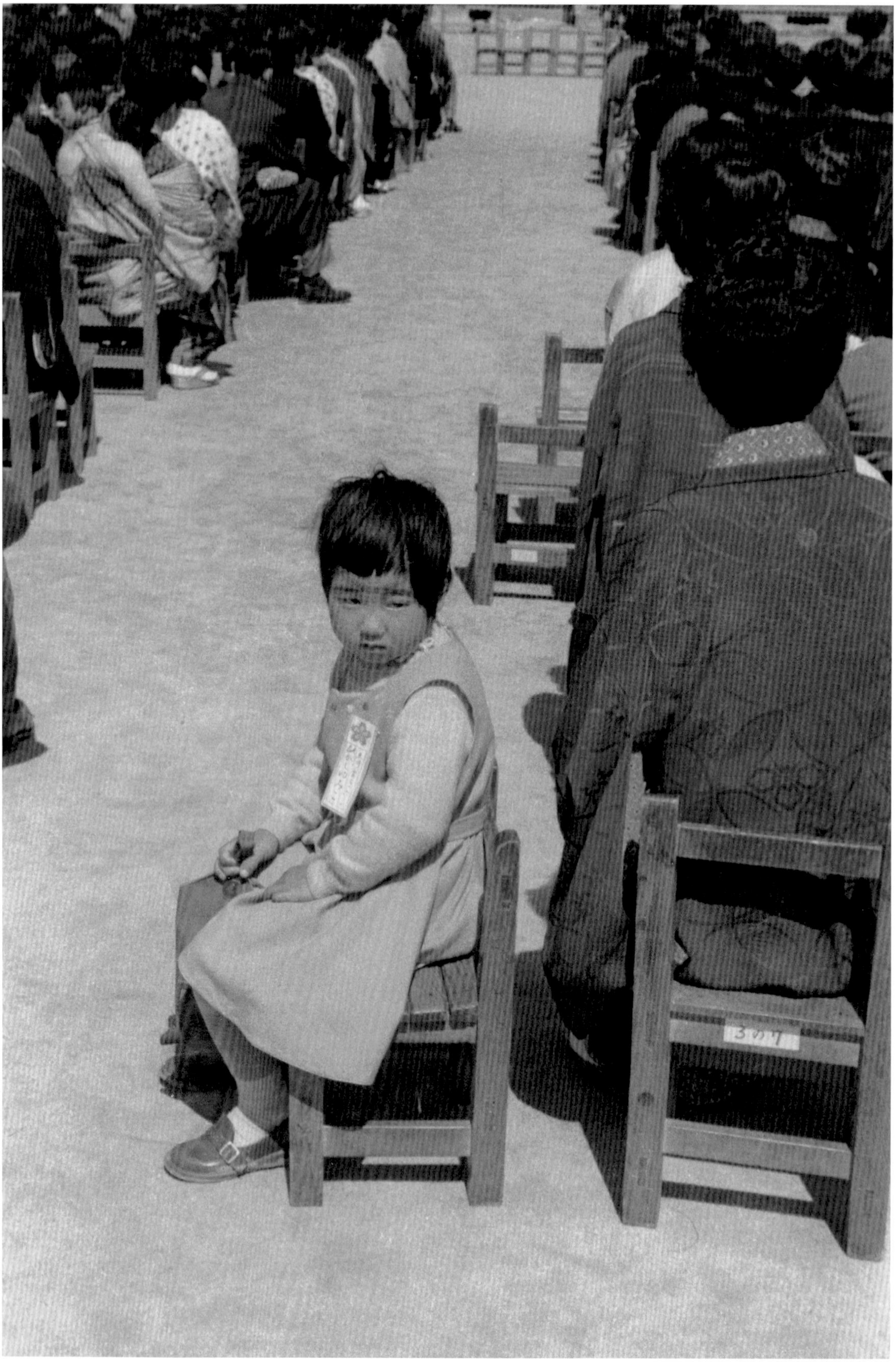

入学式に遅れた子　1957(昭和32)年・福岡市南区若久
新一年生の入学式に遅刻してしまい、後方の予備椅子に座らされた少女。母親が来るのを今か今かと不安げに待っていた。

ブランコ遊び　1956（昭和31）年・西鉄宮地岳線電車内にて
宮地岳線の電車内で、傘を片手につり革にぶらさがって遊ぶ学校帰りの女の子に出逢った。

書店を占拠した子どもたち　1957(昭和32)年7月・福岡市中央区天神
新天町の積文館書店の店頭は子どもたちでいっぱい。

座り込み　1956(昭和31)年・福岡市博多区祇園町
旧博多駅前にあった中村屋の店頭、子どもたちは座り込んでの読書に夢中。

漫画　1956(昭和31)年
駄菓子屋の店先で漫画や児童雑誌に熱中する子どもたち。

飾り山スケッチ　1957(昭和32)年7月・福岡市中央区天神
新天町の飾り山の前で、山笠スケッチ大会に参加の子どもたちが最前列に陣取り写生していた。

航空ページェント写生会 1958(昭和33)年・福岡市博多区
板付飛行場（現・福岡空港）での航空ページェント。あいにくの空模様で、飛行機の翼の下での写生会となった。

合格発表　1958(昭和33)年３月・福岡市博多区
入試合格発表の新聞に見入るバイクの二人。親子だろうか、兄弟だろうか。

腕ずもう　1957(昭和32)年・福岡市南区若久
家の縁側で腕ずもうをする兄弟。笑顔で余裕のお兄ちゃんに必死に向かう弟。
縁の下には燃料になる材木が貯蓄されていた。

バリカン　1956(昭和31)年・福岡市 百道松風園
少年たちはお互いにバリカンで坊主頭を刈り合う。
百道松風園は親のいない中学生以下の子どもたちが暮らす市の施設で、近年まで存続していた。

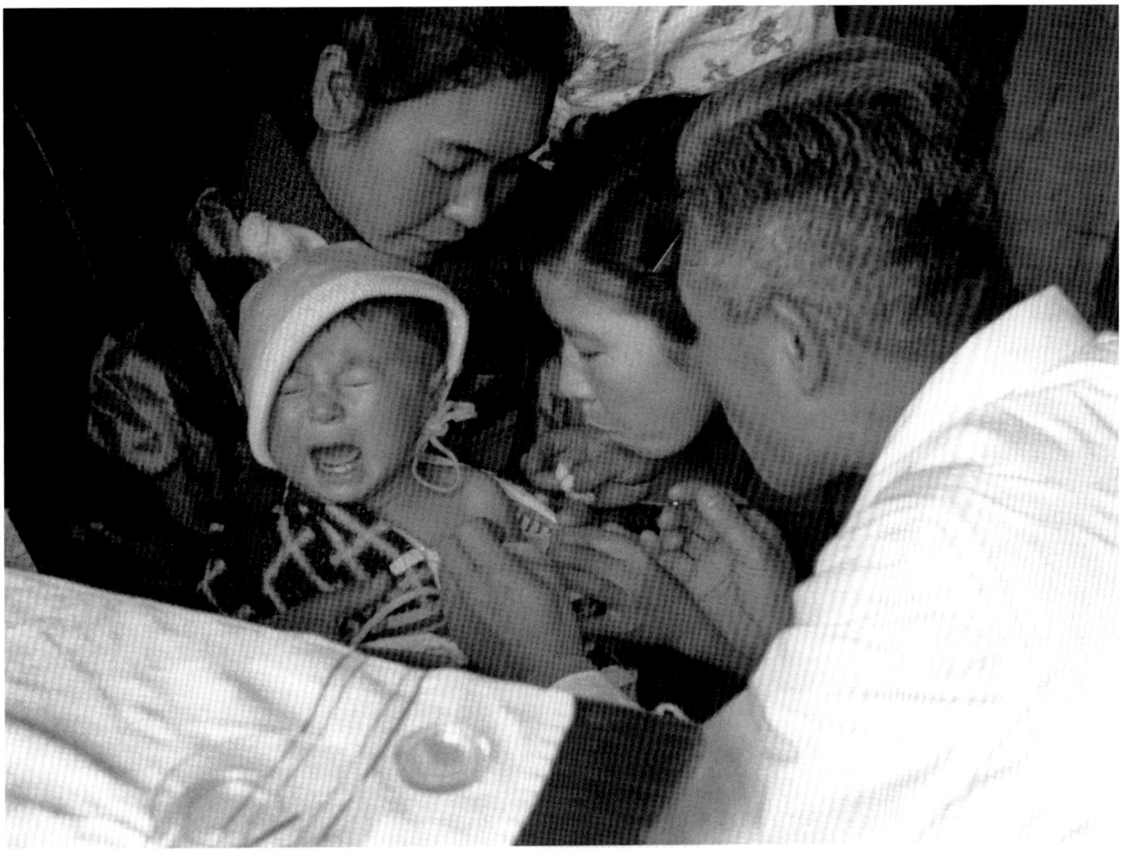

予防接種　1957(昭和32)年・福岡市南区若久
注射に泣き出す子ども。1980年にＷＨＯが終息宣言するまで、
子どもたちの天然痘予防の種痘は小学校で行われていた。

すべり台 1957(昭和32)年・久留米市
すべって尻モチをついた女の子は驚いて泣き出した。石橋美術館で開かれた撮影会での一コマ。

はたらく

リヤカー商店

1956(昭和31)年・福岡市博多区

リヤカーに台を載せただけの急造の下駄・サンダル店で、少年が店番をしていた。

当時、子どもの店番は普通の光景だった。

靴みがき少年　1955(昭和30)年・福岡市博多区博多駅前
GI(米兵)の靴みがきをして生計を立てていたシューシャイン・ボーイたち。
旧博多駅前にあった博多バス発着所前にて。

やきもの売り　1956(昭和31)年・福岡市渡辺通一丁目
学生帽をかぶって客の値段交渉に応じる少年販売員。渡辺通一丁目広場での光景。

西大橋の焼栗店　1957(昭和32)年夏・福岡市博多区中洲
那珂川に架かる西大橋の袂には、焼栗やピーナッツを売る露店が交替で出店されていた。
夏休みになると商店の子どもは店番の手伝いをしていた。

店番の女の子と犬　1957(昭和32)年・福岡市博多区
たばこ店の女の子と愛犬ポチの店番風景。

テキ屋の親子　1957(昭和32)年・福岡市中央区渡辺通一丁目
銀行が午後3時で閉門になると、その前で風車や風船ヨーヨー売りの母子が店を開く。
売れぬ日はご覧のとおり、昼寝の有様だった。

留守番の昼寝　1955(昭和30)年・博多港魚市場
魚市場の入口付近で衣料品の出張販売をしていた留守番の少年は、
ぐっすり寝入ってしまい留守番の役目を果たしていない。

金遍ブーム　1955(昭和30)年・福岡市博多区千代町
子守りをしつつの金属収集、がばいばあちゃん並みだ。朝鮮戦争で金属が高値で売れた時代の一挙両得。

帰り道　1956(昭和31)年・福岡市博多区
リヤカーで金物集めをする親子。那珂川に架かる中洲懸橋にて。

馬がひくゴミ収集車 1956(昭和31)年・福岡市中央区渡辺通一丁目
渡辺通一丁目商店街入口にやってきたゴミ収集車は馬が動力。
今のようにゴミ袋などない時代で、風が吹くとゴミが散乱してしまう。

昭和通り　1956(昭和31)年・福岡市中央区天神
整備中の昭和通りの真ん中を、愛犬を連れたリヤカーが通過中。
奥の道路は渡辺通り、リヤカーの後方は旧天神ビル(戦前は東邦電力ビル)。

博多駅前　1957(昭和32)年・福岡市博多区祇園町
路面電車が行き交う賑やかな旧博多駅前を進むリヤカーは犬２頭が牽引していた。

屋台ただ今準備中　1956(昭和31)年・福岡市博多区中洲
午後４時頃になると那珂川沿いの清流公園では屋台の出店準備が始まる。
当時は七輪で火をおこし、あたりは煙が充満していた。料亭満佐前。

開店前の屋台　1956(昭和31)年・福岡市博多区中洲
夕暮れ時、春吉橋そばの屋台が仕込み作業をしていた。左奥をリンタクが走り抜ける。

屋台　1956(昭和31)年・福岡市博多区
行商の屋台を押す母の後ろを、妹を背負ったお姉ちゃんがついて行く。
国体道路にて。

お手伝い　1956(昭和31)年・糟屋郡志免町
おばちゃんが引く粉炭を積んだリヤカーが踏切にさしかかると、
下校途中の子どもたちが後押しで加勢した。
志免炭住街にて。

卵売りの親子　1956(昭和31)年２月・福岡市博多区中洲
吹雪の中、生みたての卵を家々を廻って販売する親子。
“かあちゃん、今日は寒かけん、はよ帰ろうよ”。中洲懸橋での光景。

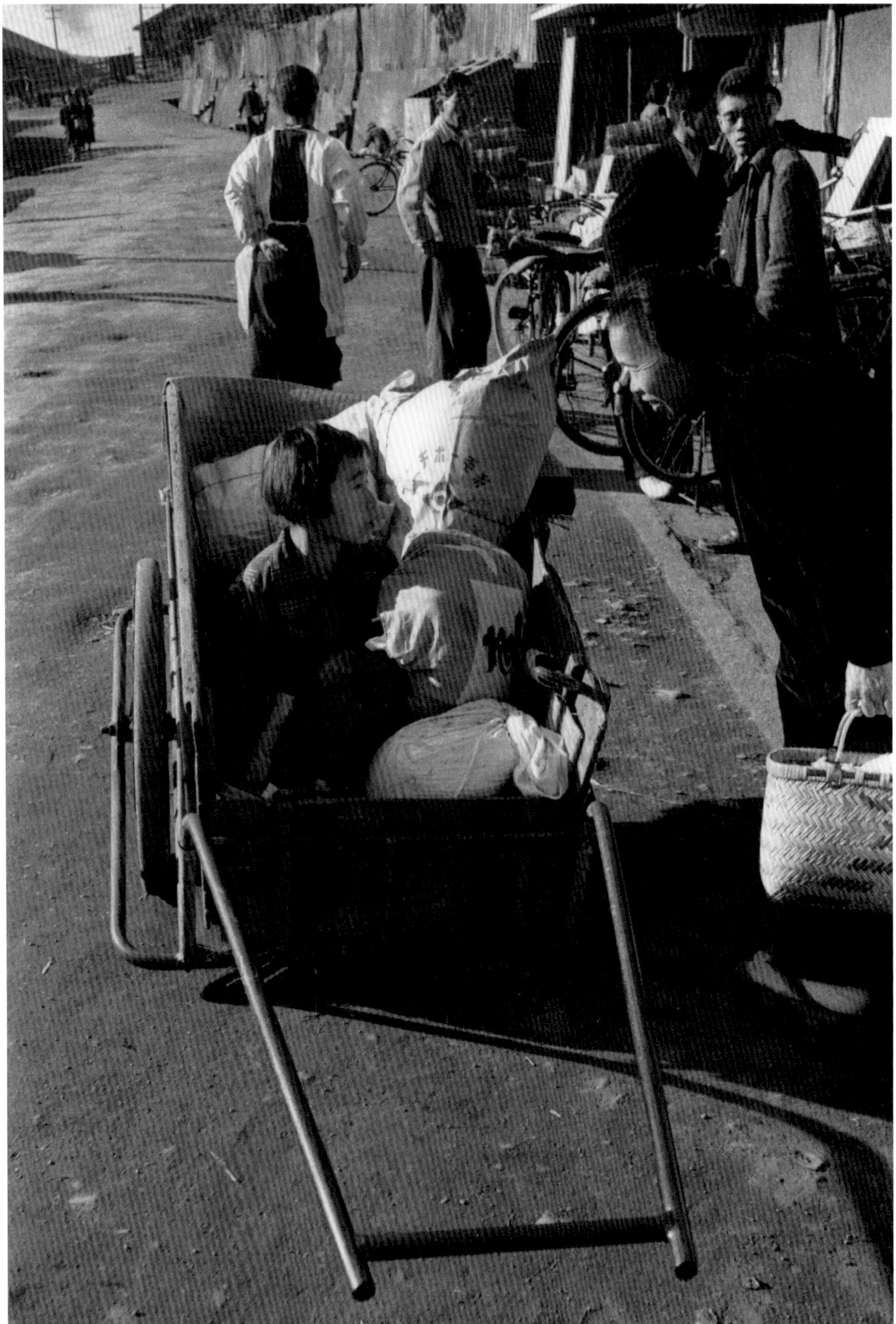

リヤカー配達　1959(昭和34)年・糟屋郡志免町
自動車が普及する以前、大量の商品運搬にはリヤカーが活躍した。
お母さんが配達に行った間におばちゃんに声をかけられた。

少年托鉢僧　1956(昭和31)年・福岡市渡辺通一丁目
師走の渡辺通一丁目商店街、おもちゃ屋の前で托鉢する少年僧。

福岡競輪宣伝車　1959(昭和34)年・福岡市博多区東中洲
福岡競輪場は昭和25年に開設され、昭和37年に廃止となった。
その跡地は現在、貝塚交通公園となっている。

おでかけ

撮影会に一家でおでかけ

1957(昭和32)年・福岡市中央区天神
フィルム会社や新聞社主催のモデル撮影会が毎月２、３回行われていた。
一家で撮影会に参加する家族連れ。

肩ぐるま　1957(昭和32)年・福岡市中央区渡辺通一丁目
注連飾りなど年末の買い出しについてきた子どもは、肩に乗せてもらって大喜び。
渡辺通一丁目商店街での光景。

社会鍋　1957(昭和32)年12月・福岡市中央区天神
坊やもひと口。年末になると救世軍の社会鍋で歳末の募金運動が始まった。
岩田屋前の光景。

角打ち　1957(昭和32)年・福岡市中央区天神
天神の木下酒店での角打ちの光景。
角打ちとは、店内で立ったまま酒を飲むことができる立ち飲みスタイル。

初詣　1956(昭和31)年正月・宮地嶽神社
開運の神様へ新年のお参り。参拝後、拝殿の大注連縄と大鈴を見上げる。

お賽銭　1956（昭和31）年正月・宮地嶽神社
回収されたお賽銭は紙幣あり、小切手あり、小銭あり、そしてお餅もあり。

筥崎宮の初詣　1956（昭和31）年・福岡市東区箱崎
おじいちゃんに連れられて初詣。

大道商人　1956(昭和31)年正月・福岡市東区箱崎
筥崎宮の境内でダミ声の巧みな口上で客を集め、商品を面白おかしく解説し販売する。
昔から薬草・腹の薬が主力で抜刀「ガマの油」の口上が有名だ。

福引き　1957(昭和32)年・福岡市博多区千代
１月10日に十日恵比須神社で行われる大祭の福引きで、大当たりの米俵やダルマを持ってニコニコ顔で歩く親子連れ。

みんなで動物園へ　1956（昭和31）年・福岡市中央区
昭和30年代は親子でレジャーといえば動物園。
歓迎門のあった福岡市内線城南線の古小烏電停（のち動物園入口電停）からおよそ500メートルの距離。

楽しい坂道　1956（昭和31）年・福岡市中央区
福岡市動物園へは薬院から浄水通りの坂道をのぼるルートが最もポピュラー。長い坂道も親子で歩くのは楽しい。

平和台へ急ぐ親子　1957（昭和32）年・福岡市博多区中洲
野球好きの親子の移動はいつも自転車。荷台に敷いた座布団は球場で観戦中も大活躍。
急げ今日のナイターは西鉄－南海戦だ。

市内電車　1956（昭和31）年・福岡市中央区天神
福岡市内線電車が通り過ぎるのを待つ家族。

毎日新聞社
お買物は皆様の
渕
渕上へ

どんたく花電車　1956(昭和31)年5月・福岡市中央区西中洲
天神方面から東中洲へ向かってくる博多どんたくの花電車。花関ビル階上から電車通り(現・明治通り)を撮影。

チキンライス 1956(昭和31)年・福岡市中央区天神
毎年５月の連休は天神のレストランで大好きなチキンライスを食べた。お姉ちゃんと大人一人前を半分ずつ食べて満腹だ。

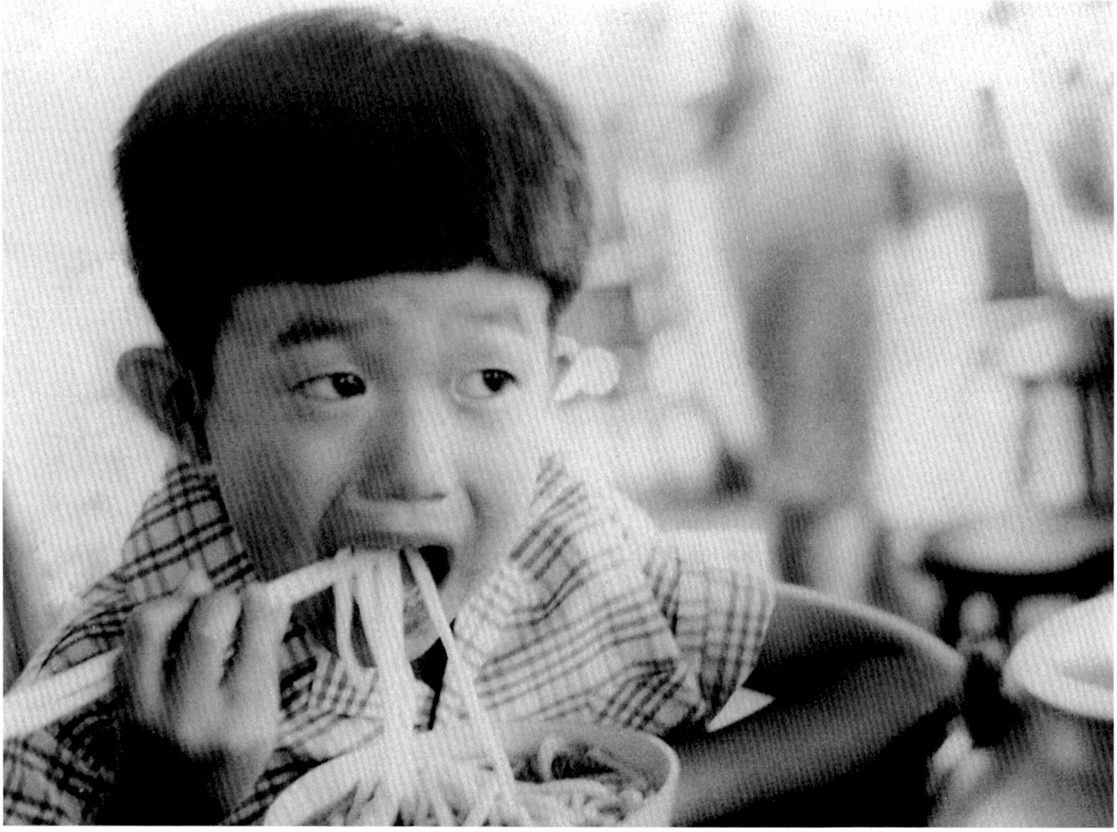

美味しい博多うどん 1960(昭和35)年・福岡市中央区天神
博多のうどんは讃岐に負けず劣らず腰のある麺で味も抜群。博多っ子はうどん好き、天神の八木屋にて。

ソフトクリーム　1957(昭和32)年・福岡市博多区
休日に家族揃ってお出かけした博多大丸の屋上で、ソフトクリームを夢中で食べる子どもたち。

アイスクリーム　1957(昭和32)年・福岡市博多区中洲
那珂川沿い、春吉橋のたもとで、お兄ちゃんとお使い帰りのひと休み。仲良くアイスを食べる兄弟。

親子　1957(昭和32)年７月12日・福岡市中央区天神
追い山ならしが終わり自転車で帰宅途中の水法被姿の親子。市役所から風月のある西鉄街横を通り、渡辺通りへ抜ける道。

台上がり　1957(昭和32)年７月12日・福岡市博多区
追い山ならし当日、櫛田入りを控えた舁き山に台上がりしてはしゃぐ子どもたち。

待ちくたびれた　1956(昭和31)年７月・福岡市博多区中洲
夏の風物詩・博多祇園山笠の流れがきの山を待つ子どもたち。

大あくび　1957(昭和32)年・福岡市博多区上川端
博多祇園山笠の朝山が終わって帰る頃に小雨が降り出した。
おばあちゃんと孫は櫛田神社の楼門横で雨宿り。退屈な会話と寝不足で思わず大欠伸。

花入り氷柱　1958(昭和33)年夏・福岡市中央区天神
エアコンのない時代、新天町の通路に置かれた花入り氷柱が涼を演出していた。
子どもたちが珍しそうに触ったり舐めたりしていた。

子どもの領分

つらら落とし
1956(昭和31)年・糟屋郡志免町
地球温暖化のせいか近年は殆ど積雪を見ることがない。
積雪の翌朝、軒にはつららが下がった。

かざぐるま　1957(昭和32)年1月・糟屋郡志免町
正月の晴れ着を着て、背負った妹をかざぐるまを吹いてあやしていた。
志免炭住街にて。

羽根つき　1957(昭和32)年正月・糟屋郡志免町
室町時代に中国から子どもの無病息災を祈願して正月の遊びとして伝わったが、今ではほとんど見かけなくなった。
志免炭住街にて。

映画　1956（昭和31）年・糟屋郡志免町
背伸びして上映中の映画のスチール写真を見る幼女。志免町の映画館前にて。

おっぱい地蔵　1957(昭和32)年・福岡市博多区千代
崇福寺境内にある旭地蔵には授乳豊富を祈願してか、乳形の模型が奉納されていた。
子どもたちは目敏く見つけて乳首を摘んだ。

タダ見の見物　1956(昭和31)年・福岡市東区箱崎
筥崎宮に来たサーカス小屋入口そばで、子どもたちは足場に登ってしっかりとタダ見していた。

サーカス　1956(昭和31)年・福岡市東区箱崎
幕間のひとときき、大あくびのピエロ。筥崎宮に来た矢野サーカスの楽屋裏にて。

タダ見の見物　1956(昭和31)年・福津市 宮地嶽神社
神社の境内で行われている余興に夢中。

たこ焼き　1956(昭和31)年・福岡市博多区上川端
たこ焼きの出来上がりを待つ子どもたち。櫛田神社の境内に出るたこ焼き屋さんはソース味が人気だった。

わた菓子　1956(昭和31)年・福岡市東区箱崎
ザラメの砂糖からどんどん綿菓子が出てくるのを不思議そうに見守る少年たち。博多の秋の風物詩、筥崎宮放生会にて。

日本一のきびだんご　1956(昭和31)年・久留米市
昭和30年代、街には色んな行商が来た。大人も子どもも大好きな「日本一のきびだんご」。

日本一のきびだんご　1956(昭和31)年・福岡市博多区
福引きに挑戦するお姉ちゃんを、きびだんごを食べながら見守る。

殺虫噴霧器　1956(昭和31)年・福岡市南区若久
殺虫剤を入れた噴霧器は、手動で蚊や蝿を撃退する器具。今はスプレー式に代わり姿を消した。

エキスパンダー　1957(昭和32)年・福岡市博多区上呉服町
少年は歯を食いしばってエキスパンダーをチカラ一杯引いて得意げ。博多大丸デパートの売場にて。

小便小僧　1955(昭和30)年・福岡市博多区中洲
下水道が整備されていない当時、汚水は殆ど川に流していた。少年は目の前で川に向かって放尿し始めた。
それが当たり前だった。南新地の清流橋。

川遊び　1957(昭和32)年７月・福岡市室見川
清流室見川の上流の堰で水遊びをする子どもたち。

アイスキャンデー　1956(昭和31)年夏・福岡市早良区百道
海水浴場にはバンガロー風の着替え小屋があり、
お姉ちゃんが妹に冷たいアイスキャンデーを口に含ませる姿がユーモラスで、ついシャッターを押した。

スピーカー　1957(昭和32)年夏・福岡市早良区百道
日焼け大会の大きなスピーカーを面白がり、子どもたちが音を聴いたり触ったりしていた。

郵便はがき

料金受取人払郵便

福岡支店
承認

611

差出有効期間
2012年12月31
日まで
（切手不要）

810-8790

171

福岡市中央区
長浜3丁目1番16号

海鳥社営業部 行

通信欄

通信用カード

このはがきを，小社への通信または小社刊行書のご注文にご利用下さい。今後，新刊などのご案内をさせていただきます。ご記入いただいた個人情報は，ご注文をいただいた書籍の発送，お支払いの確認などのご連絡及び小社の新刊案内をお送りするために利用し，その目的以外での利用はいたしません。

新刊案内を ［希望する　希望しない］

〒　　　　　　　　☎　　（　　）

ご住所

ご氏名《フリガナ》

（　　　歳）

お買い上げの書店名

街角の記憶

関心をお持ちの分野

歴史，民俗，文学，教育，思想，旅行，自然，その他（　　　）

ご意見，ご感想

購入申込欄

小社出版物は，本状にて直接小社宛にご注文下さるか（郵便振替用紙同封の上直送いたします。送料無料），トーハン，日販，大阪屋，または地方・小出版流通センターの取扱書ということで最寄りの書店にご注文下さい。なお小社ホームページでもご注文できます。http://www.kaichosha-f.co.jp

書名		冊
書名		冊

はいポーズ　1956(昭和31)年夏・福岡市奈多海水浴場
福岡市東区奈多の海水浴場でモデル撮影会が行われ、
地元の少年たちは珍しそうにモデルに見入っていた。その姿が微笑ましくシャッターを押した。

おあずけ　1958(昭和33)年・福岡市博多区東中洲
大衆食堂の入口でかき氷を食べながら犬をからかう少女。

パンに集まる子犬　1955(昭和30)年・福岡市南区若久
坊やのパンに集まる子犬たち。当時は飼い犬も放し飼いが当たり前だった。神田町バス停横での光景。

夏の日のおやつ　1957(昭和32)年・福岡市南区若久
夏は裸が一番だが、特にスイカの時はシャツが汁で汚れてシミになるという理由で、女の子も裸で食べるよう躾けられた。

仲良し兄弟　1957(昭和32)年・福岡市南区若久
兄は弟につられて自ら大口をあけソーメンを食べさせた。卓袱台と琺瑯の入れ物など、当時の庶民の食生活がうかがい知れる。

おしゃぶり　1965(昭和40)年・福岡市博多区上牟田
お兄ちゃんは面白半分に足の指を吸わせている。弟はおしゃぶりのつもりだろうか。
その味、甘いかしょっぱいか？

コッペパン　1957(昭和32)年・福岡市博多区住吉
コッペパンをもらって嬉しさいっぱいの姉弟。

わーっ！ ロボットだ　1957(昭和32)年・福岡市中央区春吉
日劇ダンサー淡路恵子と歌手ビンボウダナウの共演ショーの宣伝マンはロボット姿。
歓声をあげて子どもたちが集まってきた。柳橋連合市場入口横付近。

ごっこ遊び 1956(昭和31)年7月・福岡市博多区中洲
七夕の日、南新地の路地で月光仮面の敵・どくろ仮面の少年と対決する。

ゾウと握手　1958(昭和33)年・福岡市中央区
長い鼻のゾウに恐る恐る食べ物を与える子どもたち。福岡市動物園にて。

ゾウさん　1963(昭和38)年・福岡市中央区
ゾウが精一杯伸ばした鼻にお菓子を与える母子。福岡市動物園にて。

ウーちゃんのセクハラ　1960(昭和35)年・福岡市中央区
昭和30年代、福岡市動物園の人気者は、人なつっこいオランウータンのウーちゃんだった。女子高生に得意のセクハラショット。

こどもカメラマン　1957(昭和32)年６月10日・福岡市博多区上呉服町
博多大丸の屋上で「写真の日」に行われたこどもカメラマン撮影会。
福岡市動物園の人気者、チンパンジーのチビ君をモデルにパシャパシャ！

豆カメラマン　1958(昭和33)年·福岡市東区香住ヶ丘（かしいかえん）
パパの指導で坊やは上手く撮れたかな？　当時、二眼レフは流行のカメラ。
大きく重たいのでローライ・ゴロゴロ弁当とも言われた。

おみくじに見入る少年（1957年　太宰府天満宮にて）

1957年 若松にて

1953年 埼玉県朝霞の米軍基地キャンプドレイクにて

1957年 毎日新聞社にて

あとがき

私は、当時勤めていた米軍納品会社の支店開設のため、昭和三十（一九五五）年に福岡に赴任して来ました。当時は土門拳氏、木村伊兵衛氏が提唱する「リアリズム写真」の全盛期であり、土門氏の『筑豊のこどもたち』（パトリア書店）の出版や、木村氏の「秋田シリーズ」の発表など、嫌がうえにもリアリズムの写真が盛り上がった時代でした。

しかし中央では、「乞食写真」、「くそリアリズム」、「たんなる流行りもの」など、写真界以外の美術家・画家あたりからも、かなり激しい批判があったようです。

当時、私たち若手のアマカメラマンもご多分にもれず、このリアリズム写真にとり憑かれ、若手の写真集団「玄界クラブ」を起ち上げ、リアリズム写真に夢中になった時期がありました。

その後、フランスの写真家、アンリ・カルティエ＝ブレッソンの『決定的瞬間』（一九五二年、アメリカ版）、『逃げ去るイメージ』（一九五二年、フランス版）が当時出版されましたが、私はアメリカ版の写真集を米軍基地のクラブで見る機会があり、その報道写真とは思えない品格のある作品と、彼の写真に対する理念・表現法に傾倒しました。また彼の撮影技法である、「写真家はビロードのような手と鷹のような眼を持つべし」を実践すべく、カメラに気づかれないようにモチーフに近寄り、素早く撮るキャンデッド・フォト（隠し撮り）の技法を習熟し、撮影作画して参りました。

「見る歓び、感性、官能、イマジネーション、そういったものを心に留めて、カメラのファインダーの中でまとめあげる。そんな歓びを何時までも私は失わないだろう」という彼の言葉に感銘を受け、その後は特に、当時流行ったリアリズム写真という分野にとらわれず、福博の人々の労働と、生活する姿を中心に撮影してきました。

シャッターを切った瞬間の感動そのままを印画紙に焼き付け、その印画プリントのなかから、私の瞬間の感動を感じとっていただければと思い、作品に仕上げて参りました。

五十数年前の昭和の福岡・博多の街並みと、経済成長期を担った人々の暮らしのありのままの姿、さらに、そのころの元気溌剌な子どもたちの遊びや働く姿を、懐かしさとともにご覧いただければ幸いです。

二〇一二年一月

北島 寛

北島《きたじま》 寛《かん》

1926年、中国天津市旧日本租界生まれ。海軍甲種飛行予科練習生～茨城県神ノ池海軍神雷部隊特攻基地に配属され、1945年に復員。日本大学専門部商科に学び、1953年米軍納品会社に入社、福岡支店設立のため1955年福岡に移り住む。1961年までアマチュア写真家として、カメラ雑誌のコンテストなどで多数入賞。1957、1959、1961年度国際写真サロン入賞。1957年、NHKテレビ写真コンテスト年度賞。その後プロに転向し、北島コマーシャルスタジオ設立。1962年社団法人日本広告写真家協会（APA）九州支部入会。現在、特別会友。

［写真展］
1980年　スペイン「セビリヤの春祭り」福岡・マツヤレディス
1981年　同上　東京・ペンタックスギャラリー
1982年　「私のスペイン、ポルトガル」福岡・天神アートサロン
2003年　「北島寛×言葉、語るポートレート展」福岡・ソラリアプラザ・ゼファ
2009年　「昭和30年代　路地裏の子ども達」福岡・ソラリアプラザ・ゼファ

［写真集］
2003年　「思い出の博多」（海鳥社）
2007年　「昭和30年代の福岡」（共著、アーカイブス出版）
2009年　「日々常々」（西日本新聞社）

街角の記憶《まちかどのきおく》

昭和30年代の福岡・博多

2012年2月1日　第1刷発行

■

著　者　北島寛

■

企画・編集協力　益田啓一郎
（WEB地図の資料館）

発行者　西　俊明

発行所　有限会社海鳥社
〒810-0072　福岡市中央区長浜3丁目1番16号
電話092（771）0132　FAX092（771）2546

印刷・製本　大村印刷株式会社

ISBN 978-4-87415-835-7

http://www.kaichosha-f.co.jp

［定価はカバーに表示］